»Noah Unendlich« im Unterricht

INHALTSANGABE

u.1

Der Kinderroman »Noah Unendlich« von Guy Bass erzählt von Noah, der sich so sehr wünscht, dass alles nach seiner Nase tanzt, es nur sein Lieblingsessen gibt, seine Mitschüler:innen sich für dieselben Dinge interessieren wie er und in der Schule nur die Themen drankommen, die für ihn wichtig sind. Noah ist frustriert, denn natürlich kann er nicht immer haben, was er möchte.

Der Roman wird mit einem Fernsehbeitrag eröffnet, in dem eine Reporterin darüber berichtet, wie es zu den sogenannten Dudelwick-Doppelungen kam. Und auch das erste Kapitel beginnt mit der Rückblende zum letzten Monat, die die Leser:innen in die Geschichte und die Ereignisse einführt.

Im ersten Kapitel befindet sich Noah in der Schulkantine bei Frau Futter, die das Mittagessen ausgibt. Wie immer möchte er Spaghetti mit Tomatensoße haben und sonst gar nichts. Aber er bekommt es nicht, und Frau Futter macht ihm deutlich, dass man nicht immer das haben kann, was man möchte, und dennoch oft bekommt, was man braucht.

Auch im zweiten Kapitel wird den Leser:innen verdeutlicht, dass Noah sehr darauf pocht, all das machen zu können, was ihm gefällt. Noah liebt Dinosaurier und würde am liebsten den ganzen Tag über Dinosaurier sprechen – auch im Unterricht bei Frau Fiddy, der das ganz und gar nicht gefällt. Noah stellt sich immer wieder die Frage, wieso nicht alle so sein können wie er selbst, und beschließt, dass es mehr von ihm geben muss.

Sein Wunsch geht in Erfüllung. Tatsächlich sitzt am nächsten Morgen ein weiterer Noah, ein Doppelgänger, im Klassenzimmer. Endlich hat Noah jemanden, mit dem er sich über seine liebsten Themen austauschen kann und der genauso denkt wie er. Doch leider bekommt Noah auch zusammen mit seinem Doppelgänger nicht alles, was er gerne möchte, und die beiden beschließen, dass sie weitere Noahs brauchen.

Als die beiden Noahs am nächsten Tag in der Schule ankommen, hat die Verdoppelung erneut funktioniert. Nun sind sie zu viert. Doch auch mit vier Noahs in der Klasse möchte Frau Fiddy nicht über Dinosaurier sprechen, und auch Spaghetti mit Tomatensoße gibt es nicht. Sie sind sich einig, es muss noch mehr von ihnen geben. Und so passiert es tatsächlich, dass sie am nächsten Morgen zu acht sind. Doch die vielen Klone sorgen für Aufruhr in dem kleinen Dorf Dudelwick. Sogar die lokale Zeitung wird auf sie aufmerksam.

Als 64 Noahs zum Unterricht erscheinen, kann die Klasse nur noch in der Sporthalle unterrichtet werden. Frau Fiddy ist maßlos überfordert und Noah bekommt die ersten Schuldgefühle. Bei der Essensausgabe ist er der Letzte in der Schlange und bekommt schließlich gar nichts mehr zu essen.

Der wahre Noah möchte nun keine Verdoppelungen mehr und redet den anderen Noahs ins Gewissen. Doch diese sind ganz anderer Meinung und beschließen, auch ohne seine Zustimmung weitere Verdoppelungen durchzuführen. Dies führt dazu, dass Noah allein nichts mehr beschließen darf und kann.

Im letzten Kapitel haben die Noahs alles durchgesetzt, was der wahre Noah sich so sehr gewünscht hatte: Im Unterricht wird nur noch über Dinosaurier gesprochen und in der Kantine gibt es täglich Spaghetti mit Tomatensoße. Alle Noahs scheinen zufrieden zu sein, bis eben auf Noah. Ihm wird bewusst, dass es vielleicht gar nichts Besonderes mehr ist, wenn man immer das bekommt, was man möchte. Möglicherweise ist es tatsächlich manchmal besser, nicht zu bekommen, was man will, da sich dadurch neue Perspektiven eröffnen und man sich auf Neues einlassen kann. Am Anfang des Romans war Noah eher ein Einzelgänger, durch seine neue Erkenntnis lässt er sich auf seine Mitschüler:innen und deren Interessen ein. Er findet nun auch Anschluss bei ihnen.

Noah hat gelernt, dass individuelle Interessen wichtig sind und man oftmals gar nicht immer bekommen muss, was man möchte. Man kann dennoch glücklich und zufrieden sein. Während Noah zu Beginn der Geschichte nicht genügend Klone haben kann, die die gleichen Interessen und Wünsche haben wie er, bemerkt er am Ende des Buchs, dass es Spaß macht, wenn man sich auch auf andere Menschen einlässt.

Diese witzige Geschichte, die sich herrlich weiterspinnen lässt, ist in der Reihe *Super lesbar* des Beltz Verlages erschienen. Super lesbare Bücher sind vom Layout leseentlastend konzipiert. Schüler:innen mit Leseschwierigkeiten profitieren von der besonders lesefreundlichen Schrift- und Seitengestaltung. So erleben auch Lernende mit geringer Leseerfahrung schnell Erfolge.

LITERARISCHES PROFIL DES ROMANS

Erzählweise

Die Leser:innen werden von einem personalen Erzähler durch das Geschehen geleitet. Dadurch haben die Leser:innen Einblick in die Gedanken und Gefühle des Protagonisten Noah. Die Gedanken der anderen Figuren bleiben weitestgehend verborgen. Die Leser:innen werden über 71 Seiten in einem zeitlich strukturierten Ablauf durch die Erzählung geführt. Erzählt wird im Präteritum. Das Buch ist in 10 Kapitel unterteilt, die etwa gleich lang sind. Der Autor Guy Bass schreibt in kurzen, präzisen Sätzen. Die Erzählung ist mit einigen Dialogen bestückt, die das Geschehen lebendiger machen. Die Illustrationen unterstützen das Textverständnis und die Vorstellungskraft. Zudem tauchen wiederkehrende Sätze und Aussagen auf. Noah fragt sich zu Beginn des Buchs immer wieder: »Wieso können nicht alle so sein wie ich?«, was sich erst ändert, als seine Klone hinzukommen. Und auch Frau Fiddys Rat an Noah findet sich sowohl zu Beginn als auch am Ende der Geschichte und schafft somit einen Rahmen.

Themen und Motive

Der Kinderroman »Noah Unendlich« beschäftigt sich mit den Themen »Identität« und »Individualität« und den sich daraus ergebenden Fragen: Warum sind wir unterschiedlich? Welche unterschiedlichen Interessen und Bedürfnisse haben Menschen?

Der Autor verpackt die schweren Themen in einen witzigen Plot, der implizit am Ende verdeutlicht, dass die Anpassung an die Gemeinschaft und Gesellschaft auch von Vorteil sein kann. Durch seine individuellen Vorlieben, die die anderen Kinder nicht mit ihm teilen, hat Noah zunächst nur wenige Freunde, mit denen er sich über seine Interessen austauschen kann. Er wünscht sich deshalb die Verdoppelung seiner selbst. Am Ende fühlt sich Noah aber trotzdem missverstanden und alleingelassen.

Zu Beginn des Romans steht die Erwachsenenwelt der Kinderwelt gegenüber. Die klaren Strukturen und Regeln widerstreben Noahs kindlichem Bedürfnis, immer das zu bekommen, was er haben will. Mit seiner kindlichen Sichtweise auf das Leben und den Verdoppelungen seiner Person lehnt Noah sich gegen die Strukturen der Erwachsenenwelt auf. Als durch das Klonen all seine Wünsche erfüllt sind, ist Noah aber immer noch nicht glücklich, und er bemerkt, dass sich anzupassen auch Vorteile birgt. So macht er einen Schritt auf die Erwachsenenwelt zu und lernt, dass es durchaus auch positiv sein kann, wenn man etwas anderes bekommt als das, was man sich wünscht.

Spannungsbögen und offenes Ende

Der Spannungsbogen baut sich von Kapitel zu Kapitel weiter auf. Es geschehen mehr und mehr aufregende Dinge, und die Doppelung nimmt ihren Lauf: von 2, 4, 8 Noahs bis hin zu 256. Der Höhepunkt befindet sich im 9. Kapitel, im Gespräch mit Conni Funk, der Reporterin. Noah wird bewusst, dass seine Verdoppelungen Ausmaße annehmen, die sich nicht mehr kontrollieren lassen.

Im darauffolgenden Kapitel passiert die Wendung. Die Grundaussage des Buchs wird nochmals deutlich: Wir können nicht immer bekommen, was wir möchten, erhalten aber dennoch oftmals das, was wir brauchen. Zudem ist es gut und wichtig, dass wir alle individuell sind. Trotzdem handelt es sich aber um ein offenes Ende, denn Noah hat noch keine Lösung für die Auflösung seiner Doppelungen gefunden. Dieses Ende bietet den Leser:innen die Möglichkeit, ihrer Kreativität freien Lauf zu lassen.

Somit können sie eigene Lösungsstrategien entwickeln.

Zusätzlich zum offenen Ende gibt es innerhalb des Textes weitere Leerstellen, die Raum für Deutungen lassen. Beispielsweise wird die Reaktion der Eltern sowie der anderen Kinder nur wenig beschrieben. Hier ist die Vorstellungskraft der Leser:innen gefordert, die Leerstellen zu füllen. Auch die Interaktion der Klone wird nur marginal aufgegriffen, wodurch die Leser:innen eigene Ideen entwickeln können, was die Noahs gemeinsam erleben.

Durch das Spiel von Fiktion und Realität wird zusätzlich Spannung erzeugt. Während der Gang zur Schule, das Essen in der Kantine und das alltägliche Leben den Kindern durchaus bekannt sind, werden durch die Klone Fiktion und Realität verknüpft. Durch diese Verbindung und die Leerstellen wird viel Freiraum zum Erschaffen eigener Ideen angeboten, der individuell gefüllt werden kann. Eigene reale Erfahrungen der Leser:innen können eingebracht und mit ausgedachten Ideen verwoben werden, wodurch sich für jeden eine ganz eigene Perspektive auf die Geschichte entwickelt.

Hierbei unterstützen die Illustrationen die Gedankengänge, da sie den Text ergänzen und veranschaulichen und die Vorstellungskraft weiter anregen. Sie füllen Leerstellen durch ihre genaue Betrachtung: Die Emotionen der anderen Kinder werden beispielsweise nicht im Text beschrieben, können aber anhand der Illustrationen teilweise abgelesen und interpretiert werden.

DEUTUNGSPERSPEKTIVEN

u.3

Im Hinblick auf den Wandel, den der Protagonist durchläuft, handelt es sich bei »Noah Unendlich« um einen Entwicklungsroman. Noah hat zu Beginn Schwierigkeiten, Anschluss an seine Mitschüler:innen zu finden. Aufgrund unterschiedlicher Interessen und Noahs Vorliebe für Dinosaurier, welche die anderen Kinder nicht mit ihm teilen, hat er seinen Platz in der Klasse noch nicht gefunden. Somit befindet er sich in einem von ihm geschaffenen Konflikt mit seiner Umwelt. Der zentrale Konflikt besteht zunächst darin, dass Noah immer das haben möchte, was er sich wünscht. Dabei lässt er sich wenig auf die Interessen anderer Kinder ein. Schließlich bekommt Noah durch seine Verdoppelungen mehr und mehr das, was er möchte. Doch so toll dies für ihn zu Beginn der Geschichte ist, bemerkt er nach und nach, dass es nicht erstrebenswert ist, alle Wünsche erfüllt zu bekommen. Zudem wird ihm bewusst, dass es eintönig ist, wenn alle Menschen die gleichen Interessen haben. Sein Projekt, zusammen mit vielen Noahs immer das zu bekommen, was er möchte, scheitert schlussendlich. Er möchte keine weiteren Verdoppelungen veranlassen. Genau an diesem Punkt findet sein Wandel statt. Der Junge überwindet sein Scheitern und erkennt, wie wichtig es ist, dass es unterschiedliche Bedürfnisse und Interessen gibt. Zudem bemerkt Noah, dass man manchmal auch Dinge bekommt, die man sich nicht gewünscht hat, aber braucht. Schließlich lässt sich Noah auf seine Mitmenschen ein und bemerkt, dass es sogar Spaß machen kann, sich für die Ideen der anderen zu öffnen, und man dabei viel lernen kann.

Eine weitere Entwicklung, die Noah durchläuft, ist die Wandlung von egoistischen zu sozial kompatiblen Handlungen. Am Anfang des Romans ist Noah ausschließlich darauf bedacht, dass seine Bedürfnisse erfüllt werden. Typische Gedanken eines Kindes werden aufgegriffen: Warum kann es nicht immer mein Lieblingsessen geben? Wieso kann es im Unterricht nicht nur um mein Lieblingsthema gehen? Und: Weshalb können nicht alle so sein wie ich?

Noah möchte wie viele Kinder selbstbestimmt sein Leben gestalten und sich nicht an die vorgegebenen Strukturen der Erwachsenen halten. Durch die Erkenntnisse, die Noah im Laufe der Verdoppelungen gewinnt, ändert sich diese Ansicht jedoch. Am Ende des Romans kann er sich auf die anderen Kinder und deren Ideen, Wünsche und Vorlieben einlassen. Er bemerkt, dass seine Auflehnung gegen die gesellschaftlichen Strukturen und seine Selbstbezogenheit nur scheinbar das waren, was er wollte. Letzten Endes hat ihn dieses Verhalten einsam gemacht und von seinen Mitschüler:innen entfernt.

Didaktische Überlegungen

DIDAKTISCHES PROFIL DES ROMANS

Der Roman bietet den Kindern viele Anknüpfungspunkte an ihre Lebenswirklichkeit. Didaktisches Potenzial liegt in der Verknüpfung von vertrauten, assimilativen und eher neuen, akkommodativen Aspekten.* Die vertraute Dimension des Textes, wie etwa die kindgerechte Erzählweise und die Thematik, ermöglicht, dass die Leser:innen von sich aus einen Zugang zum Buch finden können und dass Anknüpfungsmöglichkeiten für eine eigene Deutung vorhanden sind (Assimilation). Dieser Aspekt bezieht sich auf das lesefördernde Potenzial. Neue, zusätzliche Anforderungen, die das Buch an ein Verstehen der Leser:innen stellt, betreffen eher den Bereich des literarischen Lernens bzw. die literarische Rezeptionskompetenz.

* Vgl. Rank, Bernhard (2005): Leseförderung und literarisches Lernen. In: Lernchancen, 8. Jg., Heft 44, S. 4–9.

Als Ganzschrift ist das Buch durch die Textmenge und das Anspruchsniveau, je nach Leistungsniveau einer Klasse, für die Klassenstufen 3 und 4 angemessen. Sicher lässt sich der Roman aber auch in Klasse 5 und 6 gut lesen.

Im Überblick lässt sich das didaktische Profil folgendermaßen skizzieren:

Dimension des Textes	Das Vertraute: Möglichkeit zur Assimilation (Leseförderung)	Das Neue: Notwendigkeit zur Akkommodation (literarisches Lernen)
Wirklichkeitsbezug	▶ Reale Situationen (Schule) ▶ Protagonist im Alter der Kinder	▶ Fantastische Elemente: Klonen
Thematik	▶ Wünsche und Erwartungen ▶ Schule ▶ Dinosaurier ▶ Individualität	▶ Klonen ▶ Brechen mit Regeln: Warum kann ich nicht immer haben, was ich möchte? ▶ Unerfüllte Wünsche
Figuren	▶ Überschaubare Anzahl an Figuren ▶ Identifikation mit der Hauptfigur ▶ Sympathie und Antipathie mit den Figuren	▶ Verhalten der Figuren
Sprache/Stil	▶ Kurze Kapitel mit vielen Absätzen ▶ Einfacher Satzbau ▶ Dialoge	▶ Komplexe Wörter (Dinosauriernamen)
Literarische Formelemente/ Erzählkonzept	▶ Personaler Erzähler (er / 3. Ps. Sg.) ▶ Präteritum ▶ Offenes Ende	▶ Gedanken von Noah in mehreren Personen (Klone) – neue Form eines Monologs

METHODENKISTE

d.2

Im Folgenden sind Vorschläge für mögliche Arbeitsweisen mit dem Buch »Noah Unendlich« von Guy Bass im Deutschunterricht aufgeführt. Im Vordergrund steht dabei die Verknüpfung mit anzustrebenden Kompetenzen, wie sie in den von der Kultusministerkonferenz (KMK) verabschiedeten »Bildungsstandards für das Fach Deutsch für den Primarbereich« dargestellt sind, die die verbindliche Grundlage für alle in den Ländern zu entwickelnden Lehr- und Bildungspläne in der Grundschule darstellen.

In der rechten Spalte geben wir jeweils mögliche Beispiele für eine konkrete Umsetzung im Unterricht. Hier finden sich auch Verweise zu den Kopiervorlagen und Infoblättern in diesem Heft. Zahlreiche methodische Möglichkeiten sprechen mehrere Bildungsstandards an. Wir haben uns zum Zwecke der Übersichtlichkeit jeweils für einen Bildungsstandard des Bereiches 3.3 (»Lesen – mit Texten und Medien umgehen«) entschieden. Häufig lassen sich auch sinnvolle Bezüge zu den Bildungsstandards der anderen Bereiche herstellen.

Bildungsstandards	Methoden	Beispiele
→ Verschiedene Lesetechniken beherrschen		
• Über grundlegende Lesefertigkeiten verfügen: flüssig, sinnbezogen, überfliegend, selektiv, navigierend lesen	• Eine passende Stelle betont und passend vortragen	• S. 7 als News-Beitrag vortragen
	• Mit verteilten Rollen lesen	• Kapitel 1, S. 9–12 (Gespräch mit Frau Futter bei der Essensausgabe)
→ Strategien zum Leseverstehen kennen und anwenden		
• Leseerwartungen und -erfahrungen bewusst nutzen	• Bei Mentimeter oder ähnlichen Apps passende Begriffe und Assoziationen sammeln	• Titelbild betrachten • Vermutungen zum Buchinhalt anstellen
	• Bilder aus dem Buch interpretieren	• Bild auf S. 70 zur Interpretation des Inhaltes (vor Beginn des Lesens) nutzen
• Verfahren zur Textstrukturierung kennen und selbstständig anwenden	• Textstellen suchen und finden	• Zeilometer verwenden → k.1
	• Den Text gliedern und mit Überschriften versehen oder eine passende Frage formulieren	• Kapitel 5
• Verfahren zur Textaufnahme kennen und nutzen	• Eine Textstelle szenisch darstellen	• Standbild oder szenisches Spiel → Kapitel 1 (Dialog)
	• Eine Szene mit Stopp-Motion-App nachspielen	• Figuren auswählen und mit einzelnen Bildern die Szene nachstellen (das Kennenlernen zwischen beiden Noahs in der Klasse eignet sich hierfür, Kapitel 4)
→ Literarische Texte verstehen und nutzen		
• Ein Spektrum altersangemessener Werke – auch Jugendliteratur – bedeutender Autorinnen und Autoren kennen	• Den Autor kennenlernen und eigene Fragen an ihn aufschreiben	• Informationen zum Autor → i.1 • Interview mit dem Autor → i.2
• Zentrale Inhalte erschließen	• Eine gemeinsame Diskussion führen	• Pro- und Kontra-Argumente zu folgenden Fragen herausarbeiten: – Sollten alle Menschen gleich sein? – Sollten wir immer bekommen, was wir wollen?
	• Alltagsbezüge herstellen und im Sitzkreis besprechen	Fragen: • Kennst du diese Szenen aus deinem Alltag? – Kapitel 1 (essen müssen, was man nicht möchte) – Kapitel 2 (Themen des Unterrichts, die uninteressant sind) • Wie fühlt sich das an?

Bildungsstandards	Methoden	Beispiele
• Wesentliche Elemente eines Textes erfassen, z. B. Figuren, Raum- und Zeitdarstellung, Konfliktverlauf	• Den Verlauf von Noahs Gedanken betrachten und skizzieren (Gedankenblasen, Comic ...)	• Vom Beginn der Geschichte (Warum können nicht alle so sein wie ich?) hin zum Ende (Vielleicht ist das nicht das, was er haben wollte. Doch es war das, was er brauchte.)
	• Figuren näher kennenlernen und beschreiben	• Frau Futter (Essensausgabe), Frau Fiddy (Lehrerin) und Noah zeichnen und passende Begriffe aufschreiben → **K.2, K.6**
• Wesentliche Fachbegriffe zur Erschließung von Literatur kennen und anwenden	• Erzählperspektive wechseln (Er-Perspektive → Ich-Perspektive)	• Tagebucheintrag verfassen aus Noahs Sicht
• Sprachliche Gestaltungsmittel in ihren Wirkungszusammenhängen und in ihrer historischen Bedingtheit erkennen, z. B. Wort-, Satz- und Gedankenfiguren, Bildsprache (Metaphern)	• Wiederkehrende Elemente aus dem Text identifizieren	• Frage, die Noah sich stellt: »Warum können nicht mehr so sein wie ich?«
	• Die Bedeutung von Wörtern und Sätzen im Kontext untersuchen	• Seite 11: »Du kannst nicht immer alles haben, was du willst. Aber wenn du es versuchst, bekommst du manchmal das, was du brauchst.« • Seite 19: »Noah beschloss, zu *beschließen*.« • Seite 24: »Nicht-Wünschen«
• Eigene Deutungen des Textes entwickeln, am Text belegen und sich mit anderen darüber verständigen	• Den Spannungsbogen beschreiben und gemeinsam mit einem Seil legen	• Im Sitzkreis gemeinsam den Spannungsbogen beschreiben; die Kinder können dann mithilfe des Seiles ihren Vorschlag veranschaulichen
	• Gedanken der Personen, die der personale Erzähler nicht kennt, darstellen	• Frau Futter • Frau Fiddy • Klassenkamerad:innen
• Analytische Methoden anwenden	• Den gelesenen Inhalt wiedergeben und in eigenen Bildern darstellen	• Einen Comic zeichnen
	• Einen Kommentar zum Geschehen schreiben	• Aus der Perspektive von Conni Funk einen Fernsehbeitrag verfassen und aufnehmen (z. B. mit Tablets)
• Produktive Methoden anwenden	• Ein Lapbook zum Buch erstellen	• Andere Form des Lesetagebuchs
	• Mit dem Book Creator (Tablets) zu jedem Kapitel eine Seite gestalten	• Lesetagebuch mit Bildern und Text führen
	• Ein Erklärvideo oder einen Werbespot drehen und den Inhalt des Romans zusammenfassen	• Mit Tablets und zur Verfügung gestellten Bildern einen Erklärfilm oder einen Werbespot drehen
	• Schreibaufgaben	• Offenes Ende → ein mögliches Ende verfassen (kreatives Schreiben): Wie entscheidet sich Noah bezüglich der Doppelungen? Was unternimmt er?
• Handlungen, Verhaltensweisen und Verhaltensmotive bewerten	• Noahs Verhalten bewerten	• Würdest du wie Noah handeln? • Hattest du schon ähnliche Gedanken?
→ Sach- und Gebrauchstexte verstehen und nutzen		
• Informationen zielgerichtet entnehmen, ordnen, vergleichen, prüfen und ergänzen	• Sachinformationen aus den Texten entnehmen; diese in Beziehung zur Hauptperson und zum eigenen Leben setzen	• Leporello zu den Dinosauriern erstellen
• Intention(en) eines Textes erkennen	• Das Ende des Buchs deuten und interpretieren	• Was möchte der Autor damit ausdrücken? • Was nimmst du aus dem Inhalt des Buchs mit? • Welche Tipps würdest du Noah geben?
→ Medien verstehen und nutzen		
• Informationsmöglichkeiten nutzen	• Eigene Recherchen in Büchern oder im Internet	• Über Dinosaurier recherchieren • Passende Sprichwörter zu den Themen des Romans finden
• Medien zur Präsentation und ästhetischen Produktion nutzen	• Tablets zur Darstellung nutzen	• Erklärvideo drehen, Book Creator nutzen etc. (s. o.)
	• Lesekarton erstellen und zur Präsentation nutzen	• Lesekarton basteln und mit passender Szene des Romans gestalten

VORSCHLAG FÜR EINE UNTERRICHTSEINHEIT IN DER GRUNDSCHULE

d.3

Lesen des Buchs und Möglichkeiten der Differenzierung

Das Buch eignet sich aufgrund der vielen Dialoge vor allem zum eigenständigen Lesen. Vereinzelt bieten die Kapitel jedoch auch eine gute Möglichkeit zum Lesen mit verteilten Rollen oder zum szenischen Spielen. Dabei gibt es verschiedene Arten, wie die Schüler:innen das Buch lesen können. Gemeinsam kann man einen Tages- oder Wochenplan erstellen, der festlegt, wie viel gelesen werden soll. Da die Lesekompetenzen in den Klassen jedoch unterschiedlich ausfallen, ist es möglich, Lesezeiten einzuplanen, sodass jedes Kind in seinem eigenen Tempo lesen kann. Zusätzlich kann man Lesetandems anbieten, sodass auch Schüler:innen mit Leseschwierigkeiten unterstützt werden. Eine weitere Möglichkeit der Differenzierung wäre das Aufnehmen des vorgelesenen Textes. Dies wäre vor allem sinnvoll für Kinder, die noch über keine oder nicht ausreichende Lesefähigkeiten verfügen.

Einstieg in die Lektüre

Bildpuzzle

Ein Bild aus dem Buch wird auf DIN A3 gedruckt und in Teile zerschnitten. Oftmals bieten das Titelbild oder andere Bilder die Möglichkeit zur Assoziation. Die Schüler:innen können darüber spekulieren, was in dem Roman passiert. Im Sitzkreis oder in Gruppen wird das Puzzle zusammengelegt und anschließend darüber diskutiert. Hierfür eignet sich u.a. das Bild auf Seite 46.

Passende Gegenstände bereitlegen

Die Lehrkraft legt passende Bilder und Gegenstände im Sitzkreis bereit (Dinosaurier, Nudeln mit Tomatensoße etc.). Gemeinsam kann dann ein Austausch darüber stattfinden, welche Rolle die Dinge innerhalb der Geschichte spielen könnten und in welcher Beziehung sie zu der Hauptperson stehen.

Werbespot

Die Lehrkraft kann einen Werbespot passend zur Lektüre erstellen und ihn den Schüler:innen präsentieren. Im Anschluss kann ein gemeinsamer Austausch über den Inhalt und die Themen stattfinden.

Erarbeitung der Lektüre

Der rote Faden

Im Plenum kann Kapitel für Kapitel besprochen und ein passendes Bild gestaltet werden. Die Bilder können dann entlang eines roten Fadens platziert werden. Somit kann immer wieder auf vorherige Kapitel Bezug genommen werden. Zudem können am Ende der Geschichte nochmals Wendepunkte, der Höhepunkt und andere Inhalte besprochen werden.

Maxi-Briefkartons

Eine weitere Möglichkeit zur kreativen Erarbeitung der Lektüre ist die Nutzung eines Maxi-Briefkartons. Hierzu können an die Kinder Blanko-Vorlagen (in Form von Wolken, eines Faltbuchs, eines Drehrads mit Musterklemme etc.) ausgegeben werden. Diese können von den Kindern gestaltet und in den Briefkarton geklebt werden. Zum Schluss können die individuell gestalteten Kartons präsentiert werden.

Book-Creator

Diese App bietet die Möglichkeit, mit Texten, Bildern, Icons etc. ein eigenes Buch zu gestalten. So kann für jedes Kapitel eine Seite gestaltet werden.

Kopiervorlagen

Die im hinteren Teil dieses Heftes enthaltenen Kopiervorlagen dienen zur Erfassung und Vertiefung der Inhalte des Buchs. Sie bieten ein breites Spektrum an Aufgabenformaten. Das Schreiben von Texten, Diskussionen, die kreative Auseinandersetzung, aber auch der Einsatz von Medien sind Bestandteile der Aufgaben. Dabei können die Aufgaben an die Lerngruppe oder die einzelnen Kinder der Klasse angepasst werden. Aufgebaut sind die Arbeitsblätter mit drei Schwierigkeitsstufen.

Lerntheke

Die Arbeitsblätter können als Lerntheke ausgelegt werden. So können die Kinder in einem individuellen Tempo arbeiten. Dies ermöglicht auch bei der Nutzung von Medien eine Entzerrung, da nicht alle gleichzeitig mediengestützt arbeiten.

Lesetagebuch

In einem Lesetagebuch können die Kinder festhalten, welche Kapitel sie wann gelesen haben. Zudem können die einzelnen Kapitel zusammengefasst und die Figuren genauer untersucht werden.

(i) Infoblätter

© Elizabeth Gibson

i.1 ZUM AUTOR GUY BASS

Guy Bass lebt mit seiner Frau in London. Bereits seine Kindheit verbrachte er mit dem Lesen von Comics. Damals hatte er den Wunsch, selbst einmal ein Superheld zu werden. Er schreibt Kinderbücher und Theaterstücke für Erwachsene und Kinder. Guy Bass arbeitet als Illustrator und war als Schauspieler tätig.

Weitere Werke:

- Dinkin Dings, Little Tiger Press Group 2009
- Stitch Head, Stripes Publishing 2011
- Spynosaurier, Stripes Publishing 2016
- Skeleton Keys, Stripes Publishing 2019

i.2 INTERVIEW MIT GUY BASS: »SELBST WENN WIR ALLEIN SIND, SIND WIR NICHT NUR EINE PERSON«

Guy Bass über Wünsche, Identität und Hafermilch

Wie ist die Idee von »Noah Unendlich« entstanden?

Ich wollte eine Geschichte über einen Wunsch schreiben, der nach hinten losgeht. Noah wünscht sich verzweifelt, dass alle so sind wie er, was ihn dazu bringt, sich zu wünschen – oder vielmehr zu beschließen –, dass es mehr von ihm geben sollte. Als es immer mehr Noahs werden, merkt er, dass er seiner misslichen Lage nicht entkommen kann (in der britischen Ausgabe heißt er Noah Scape, wie in ›no escape‹), und das bringt ihn dazu, seine ursprüngliche Entscheidung zu hinterfragen. Er erkennt, dass das, was er will, und das, was er braucht, sehr unterschiedliche Dinge sind. Als mir klar wurde, dass es, wenn sich Noah weiterhin täglich verdoppelt, in nur einem Monat über eine Milliarde Noahs geben würde, wusste ich, dass ich es mit einer abschreckenden Geschichte zu tun hatte.

Erkennen Sie sich in Noah wieder?

In gewisser Weise. Selbst wenn wir allein sind, sind wir nicht nur eine Person – wir sind die Summe all unserer verschiedenen, oft widersprüchlichen Gedanken. Noah will mehr von sich selbst, aber die Versionen von ihm, die auftauchen, sind nicht wirklich er selbst, sie sind eine Momentaufnahme von ihm, gleich und doch anders. Ich glaube, das Konzept der Identität ist größtenteils ein Abwehrmechanismus. Und Noah will eine schnelle Lösung, was ich sehr nachvollziehbar finde – es ist einfacher, nach einfachen Antworten auf komplexe Fragen zu suchen, als zuzugeben, dass man etwas nicht weiß oder nicht versteht. Bei so viel Zugang zu Informationen und so vielen Kommunikationsmöglichkeiten sollten Verständnis und Einfühlungsvermögen leichter denn je zu erlangen sein. Es ist entmutigend, dass Internet-Algorithmen binäre Ideen verstärken und Debatten unterbinden.

Außerdem trinke ich gerne ein Glas Milch. Heutzutage zwar Hafermilch, aber trotzdem.

Wie lange haben Sie am Buch geschrieben?

Normalerweise schreibe ich ziemlich langsam, aber das hier ging sehr schnell. Als ich den Roman zu Papier brachte, hatte ich bereits die ganze Geschichte im Kopf, sodass der erste Entwurf nur ein paar Wochen dauerte.

Würden Sie sich verdoppeln lassen, wenn das möglich wäre?

Ich meine, es wäre schön, wenn ich mein Arbeitspensum aufteilen könnte! Aber wahrscheinlich nicht. Wir Menschen neigen dazu, unnötig hart mit uns selbst umzugehen und uns auf Mängel, Unvollkommenheiten und Fehler zu fixieren. All das in einem anderen Menschen widergespiegelt zu bekommen, wäre ein Rezept für einen schlechten Tag.

Und ich wäre enttäuscht, wenn ich nicht größer wäre.

Was ist Ihr Lieblingsessen? Sind es auch Spaghetti mit Tomatensoße?

Pizza. Auch wenn es in diesem Buch darum geht, Unterschiede zu feiern, glaube ich nicht, dass ich jemandem vertrauen könnte, der keine Pizza mag.

In dem Buch geht es um Individualität und unterschiedliche Interessen. Warum wollten Sie dieses Thema aufgreifen?

Ich denke, das Beste, was wir als Menschen tun können, ist, nach außen zu schauen, über jemanden oder etwas anderes als uns selbst nachzudenken und uns darauf zu konzentrieren. Das ist schwer, und ich bin immer noch absolut schrecklich darin. Aber das Bestreben, die Interessen, Prioritäten, Leidenschaften und das Leben anderer Menschen zu verstehen, ist unermesslich wertvoll.

Welcher ist Ihr Lieblingsteil des Buchs?

Das Ende. Ich liebe Geschichten mit offenem Ende, und eines der ersten Bilder, die ich im Kopf hatte, war ein Meer von Noahs, das sich der Schule nähert. In diesem Moment findet Noah endlich einen echten Moment einfacher, gemeinsamer Freude und erkennt, was er braucht, und nicht, was er will.

Gab es in Ihrer Kindheit ein Buch, das Sie zum Schreiben inspiriert hat?

Alle möglichen Bücher, Comics, Filme, Fernsehsendungen und Spielzeuge haben mich zum Geschichtenerzählen inspiriert. Ich habe meine Lieblingsbücher und -comics immer wieder gelesen, bis sie auseinanderfielen.

Frau Fiddy wird als etwas unorganisiert und überfordert dargestellt. Haben Sie diese Erfahrungen auch mit Lehrer:innen gemacht?

Seit ich Autor bin, habe ich Hunderte von Lehrern kennengelernt, und fast jeder Einzelne von ihnen hatte alles im Griff! Die Klassengrößen steigen in Großbritannien immer weiter an, also war es eine Anspielung darauf, dass Frau Fiddy mit einer immer größeren Anzahl von Schülern zurechtkommen muss.

Was wollen Sie mit dem Buch bei den Leser:innen auslösen?

Gar nichts. Der Autor kann sich nicht aussuchen, was die Leser:innen fühlen – das ist ganz allein ihre Sache.

Moment, vergessen Sie das – ich möchte, dass sie dazu gebracht werden, alle meine anderen Bücher zu lesen.

Vielen Dank, Herr Bass!

Interview: Louisa Schäfer & Anja Schirmer (August 2023)

i.3 FIGURENKONSTELLATION

Noah

ist die Hauptfigur des Romans.

Der Teenager liebt Dinosaurier und Spaghetti mit Tomatensoße. Als ihm jedoch klar wird, dass er nicht immer bekommen kann, was er möchte, beschließt er, dass es mehr von seiner Person braucht. Tatsächlich findet er am nächsten Tag einen zweiten Noah im Klassenzimmer vor. Dies genügt ihm jedoch nicht als Verstärkung und er beschließt, dass es noch weitere Noahs geben muss. Von Tag zu Tag verdoppeln sich die Noahs nun. So hat er schließlich ausreichend Unterstützung und bekommt immer, was er sich wünscht. Letzten Endes bemerkt er allerdings, dass das, was man möchte, nicht immer das ist, was man braucht.

Frau Fiddy

ist Noahs Lehrerin.

Entgegen Noahs Wünschen geht es in ihrem Unterricht nicht immer um Dinosaurier. Von Noahs Verdoppelungen ist sie überrumpelt und mit der Situation überfordert. Als es schließlich mehr Noahs in der Klasse als andere Kinder gibt, beugt sie sich Noahs Forderungen und unterrichtet fast ausschließlich über Dinosaurier.

Frau Futter

arbeitet an der Essensausgabe von Noahs Schule.

Sie kann ihm, zu Noahs Leidwesen, nicht immer Spaghetti mit Tomatensoße servieren. Erst als sie sich dem Aufstand der Noahs nicht mehr widersetzen kann, gibt es für alle täglich Nudeln. Sie ist es auch, die Noah mit dem Spruch: »Du kannst nicht immer haben, was du willst. Aber wenn du es versuchst, bekommst du vielleicht manchmal das, was du brauchst« zum Nachdenken anregt.

TABELLARISCHE KAPITELÜBERSICHT

i.4

Kapitel	Inhalt
1	Noah befindet sich in der Schulkantine bei Frau Futter. Wie immer möchte er Spaghetti mit Tomatensoße, denn das könnte er täglich essen, bekommt er aber nicht. Frau Futter macht ihm deutlich, dass man nicht immer das haben kann, was man möchte, und dennoch oft bekommt, was man braucht.
2	Noah liebt Dinosaurier und würde am liebsten den ganzen Tag darüber sprechen. Dies macht er auch im Unterricht bei Frau Fiddy klar und versucht, so oft wie möglich das Thema »Dinosaurier« im Unterricht anzubringen. Seiner Lehrerin gefällt das nicht, und Noah stellt sich erneut die Frage: »Wieso können nicht alle so sein wie ich?« Er beschließt, dass es mehr von ihm geben muss.
3	Sein Wunsch ist in Erfüllung gegangen. Tatsächlich sitzt am nächsten Morgen ein weiterer Noah im Klassenzimmer. Endlich hat er jemanden, mit dem er sich über seine Lieblingsthemen austauschen kann und der genauso denkt wie er.
4	Nach vielen Gesprächen über Dinosaurier ist es Zeit für das Mittagessen bei Frau Futter. Doch auch zu zweit bekommen die Noahs nicht ihre gewünschten Spaghetti mit Tomatensoße. So beschließen sie, dass sie noch mehr Noahs brauchen.
5	Als die beiden Noahs am nächsten Tag in der Schule ankommen, hat die Verdoppelung erneut funktioniert. Nun sind sie zu viert. Doch auch mit vier Noahs möchte Frau Fiddy nicht nur über Dinosaurier sprechen, und auch Spaghetti mit Tomatensoße gibt es nicht. Sie sind sich einig, es muss noch mehr von ihnen geben.
6	Die Verdoppelungen sorgen für Aufruhr und eine Reporterin sucht die Noahs auf. Sie fliehen vor ihr, um so schnell wie möglich ins Klassenzimmer zu gelangen. Dort stellen sie fest, dass sie erneut verdoppelt wurden. Nun sind sie zu acht.
7	Selbst am Wochenende setzt sich die Verdoppelung fort. Am Montag sind es 64 Noahs. Die völlig überforderte Frau Fiddy beschließt, dass die Amsel-Klasse nun in der Sporthalle unterrichtet werden muss.
8	Im Unterricht kommt Frau Fiddy nicht mehr gegen die Noahs an. Sie flieht aus dem Klassenzimmer. Zunächst freut sich Noah, dann bekommt er jedoch die ersten Schuldgefühle. Bei der Essensausgabe ist er der letzte Noah in der Schlange und bekommt schließlich keine Spaghetti mehr. Zum ersten Mal kommen bei ihm Zweifel auf.
9	Noah möchte mit den Verdoppelungen aufhören und redet den anderen Noahs ins Gewissen. Doch diese sind ganz anderer Meinung und beschließen, sich auch ohne seine Zustimmung weiter zu verdoppeln. Sie sorgen dafür, dass der ursprüngliche Noah nichts mehr beschließen darf.
10	Im letzten Kapitel haben die Noahs nun das, was sie sich wünschen. Im Unterricht wird über Dinosaurier gesprochen und in der Kantine gibt es täglich Spaghetti mit Tomatensoße. Alle Noahs scheinen zufrieden zu sein, bis auf den ursprünglichen Noah. Ihm wird bewusst, dass es vielleicht gar nichts Besonderes mehr ist, wenn man immer bekommt, was man möchte. Doch Noah verbringt den Mittag nun mit den anderen Kindern und hat viel Spaß mit ihnen. Und das, obwohl alle individuell sind, oder gerade deshalb.

Lesezeichen und Zeilometer

Dieses Lesezeichen ist eine Hilfe, um einzelne Textstellen zu finden oder dich mit deinen Mitschülerinnen und Mitschülern über bestimmte Textstellen zu unterhalten. Lege dazu einfach das Zeilometer an den oberen Buchrand. Die Zahlen sind dann die jeweiligen Zeilen. Besonders schön wird dein Lesezeichen, wenn du es auf Pappe klebst und bunt ausmalst.

Spaghetti mit Tomatensoße

Noah bekommt mal wieder nicht sein Lieblingsessen Spaghetti mit Tomatensoße und fragt sich, warum er nicht immer das haben kann, was er möchte.

1. In diesem Kapitel lernst du die wichtigste Figur des Romans kennen. Schreibe oder male, was du hier über Noah erfährst.

2. Auf Seite 10 erläutert Frau Futter den wöchentlichen Essensplan. Lies nach und ergänze die Tabelle.

Tag	Essen in der Kantine
Montag	
Dienstag	
Mittwoch	
Donnerstag	
Freitag	

Welcher Tag wäre dein Favorit? ______________________________

3. * **Profiaufgabe:** Noah fragt sich: »Warum kann nicht jeder sein wie ich?«

a) Überlege dir zunächst selbst, was du Noah antworten könntest.

b) Tausche dich nun mit einem Partner oder einer Partnerin darüber aus. Schreibt auf, was ihr ihm antworten würdet.

c) Sprecht gemeinsam in der Klasse darüber, welche Vor- und Nachteile es hätte, wenn es eine Person mehrmals gäbe.

Dinosaurier

1. »Ich brauche mehr von mir«, sagt Noah auf Seite 19. Stell dir vor, dich würde es mehrmals geben. Was würdet ihr gemeinsam erleben? Male ein Bild dazu.

2. a) Lies dir die Aussagen durch. Entscheide, ob sie richtig oder falsch sind, und kreuze die entsprechenden Kästchen an.

	richtig	falsch
Der Dinosaurier mit dem längsten Namen ist der Micropachycephalosaurus.	☐ K	☐ L
Das kleinste gefundene Dino-Ei ist nur 5 Zentimeter lang.	☐ I	☐ L
Der älteste bekannte Dinosaurier-Fund ist der Stegosaurus.	☐ M	☐ A
Das Skelett des Eoraptor wurde 1991 in Argentinien ausgegraben.	☐ U	☐ S
Die älteste Vogelart ist der Archaeopterix. Er war rot und grün.	☐ N	☐ E

Lösungswort: ___ ___ ___ ___ ___
1 2 3 4 5

b) Finde heraus, was das Lösungswort bedeutet. Nutze dafür ein Wörterbuch oder das Internet.

3. * **Profiaufgabe:**

a) Informiere dich über Dinosaurier. Recherchiere dazu in Büchern oder im Internet.

b) Tausche dich anschließend mit einem Partner oder einer Partnerin aus, welcher Dinosaurier dich am meisten interessiert und was du über ihn gelernt hast.

Noch ein Noah

Noahs Wunsch ist in Erfüllung gegangen: Ein zweiter Noah sitzt im Klassenzimmer.

1. Male Noahs Frühstück auf den Teller.

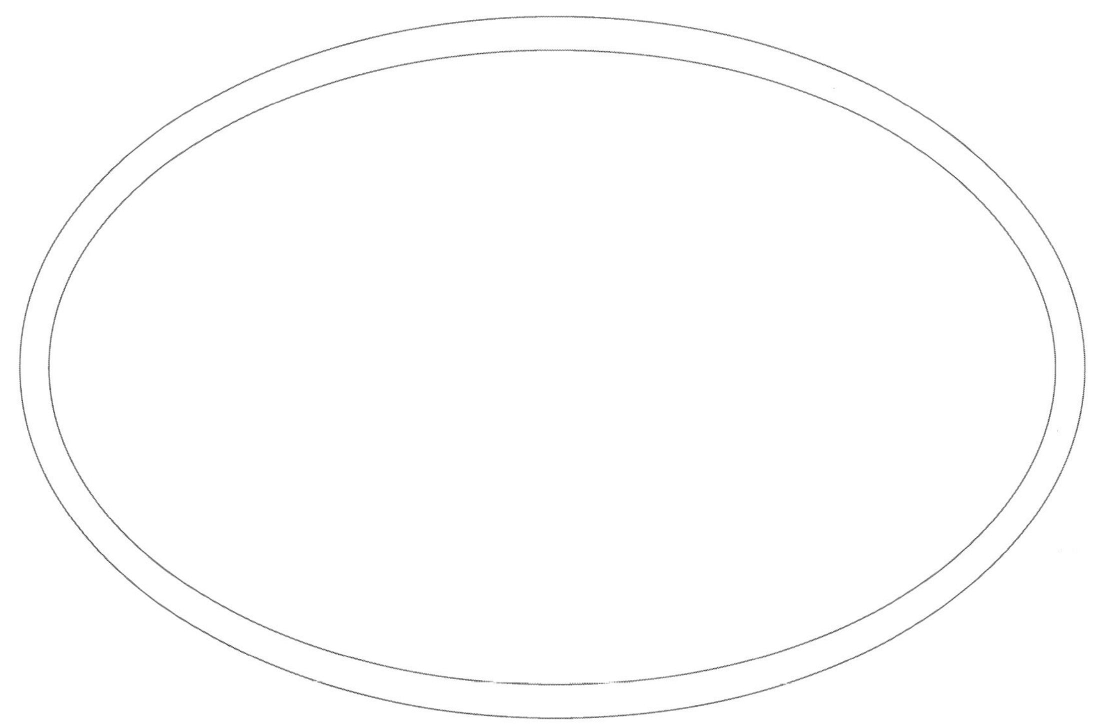

2. a) Probiere aus, wie es sich anfühlt, einen Doppelgänger zu haben.

Suche dir dafür einen Partner oder eine Partnerin, mit dem oder der du die folgenden Bewegungen synchron ausführst. Kreuzt an, wie es funktioniert hat.

Bewegung	☺	😐	☹
10 Kniebeugen			
5 Hampelmänner			
2 Strecksprünge			
4-mal mit den Armen über dem Kopf kreisen			

b) Wie hat es sich für dich angefühlt, einen Doppelgänger zu haben?

3. * **Profiaufgabe:** Schreibe nun einen Tagebucheintrag, in dem Noah von seinem außergewöhnlichen Tag berichtet. Was ist passiert? Wie hat er sich gefühlt? Wie soll es weitergehen?

> Auch wenn es nun zwei Noahs gibt, können nicht alle ihre Wünsche erfüllt werden. Das heißt: Sie brauchen noch mehr Noahs.

Noah und der andere Noah

1. a) Finde im Suchsel die folgenden Wörter:
Spinosaurus, Ankylosaurus, Parasaurolophus, Hokus, Pokus, Katzilla.

S	P	I	N	O	S	A	U	R	U	S	E	R	B	A	T	I	O
I	M	Ö	P	U	L	Ä	R	E	B	X	C	R	S	N	L	P	Q
R	T	N	U	H	O	K	A	T	Z	I	L	L	A	K	A	Ü	Ö
V	B	C	T	O	U	J	P	Ä	Q	E	I	N	B	A	N	S	Y
E	Z	T	F	K	V	B	L	J	Ö	N	M	C	S	D	K	O	L
I	O	Ö	M	U	G	R	D	S	W	H	Ö	Ä	H	L	Y	Ü	Ö
K	L	U	H	S	Q	R	T	M	K	F	D	Z	T	M	L	Ö	S
M	B	G	F	P	H	J	K	M	N	P	A	B	T	Z	O	K	Ö
P	H	R	T	O	Z	G	S	A	D	B	H	J	K	L	S	P	B
S	Z	Y	X	K	B	Q	I	J	G	D	W	E	R	T	A	Ö	U
U	L	H	D	U	B	N	M	U	H	F	D	A	T	J	U	K	L
O	I	P	Ü	S	L	N	R	T	Q	V	C	D	G	S	R	P	G
P	A	R	A	S	A	U	R	O	L	O	P	H	U	S	U	A	P
Ü	Z	D	F	E	H	K	M	N	Ö	Ü	Q	W	R	D	S	L	P

b) Finde die Seiten und Zeilen, wo diese Wörter stehen. Nutze dafür das Zeilometer (**k.1**).

	Seite	Zeile
Spinosaurus		
Ankylosaurus		
Parasaurolophus		

	Seite	Zeile
Hokus		
Pokus		
Katzilla		

2. Streiche die Sätze durch, die du in Kapitel 4 nicht finden kannst.

- Noah und der andere Noah verstanden sich auf Anhieb prima.
- Sie waren sich einig: Ein einfaches Glas Orangensaft war etwas Tolles.
- Es war ihr erster gemeinsamer Tag, aber sie sprachen ununterbrochen miteinander.
- Frau Futter verstummte, als der andere Noah hinter seinem Doppelgänger hervortrat.
- Frau Futter fuchtelte mit ihrer Kelle vor den beiden herum.
- Die Noahs blickten auf ihre leeren Teller und dann auf die heißen, frischen Nudeln.

3. * **Profiaufgabe:** Das Kapitel endet mit dem Satz »Wir brauchen mehr von uns«. Stell dir vor, Noah träumt von seinem nächsten Tag. Was könnte in seinem Traum passieren? Schreibe in dein Heft.

Immer mehr Noahs

Als die beiden Noahs am nächsten Morgen in die Schule kommen, sind sie tatsächlich zu viert. Doch auch das reicht ihnen noch nicht.

1. Nun hast du Frau Fiddy schon ein wenig kennengelernt.
Sammle aus den ersten fünf Kapiteln Informationen über sie und schreibe sie in die Tafeln.

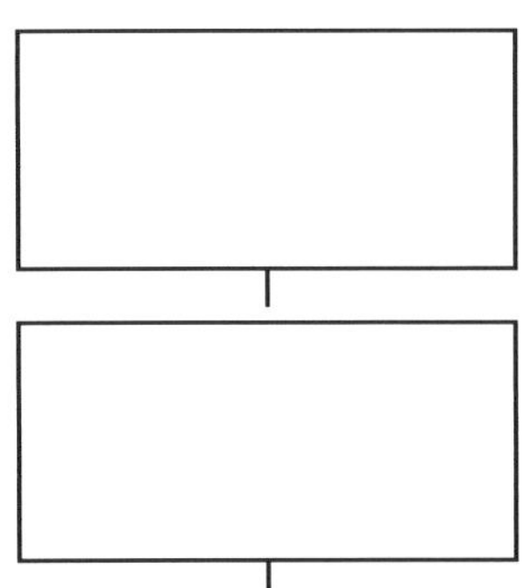

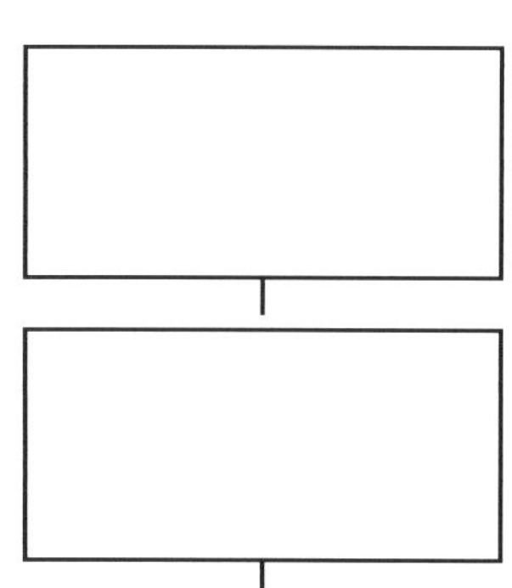

2. a) Die Noahs wünschen sich weitere Verdoppelungen. Führe die Zeitleiste weiter und rechne aus, wie viele Noahs in den nächsten zehn Tagen hinzukommen werden.

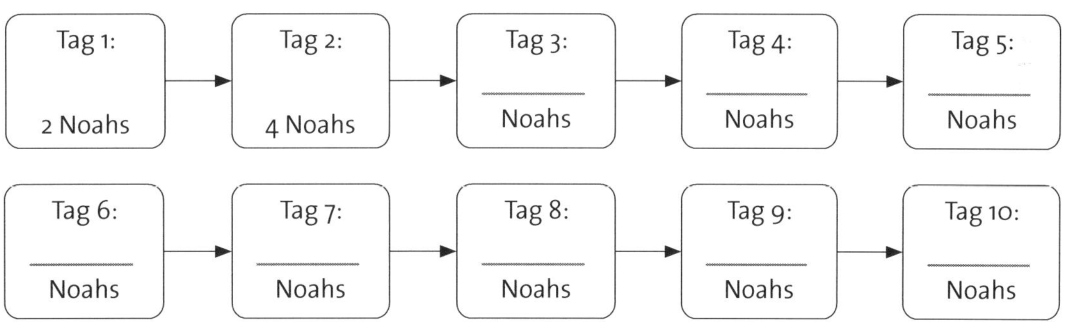

b) Die vier Noahs erzählen sich gegenseitig Dino-Witze. Recherchiere im Internet und suche dir deinen liebsten Dino-Witz heraus. Schreibe ihn in die Sprechblase.

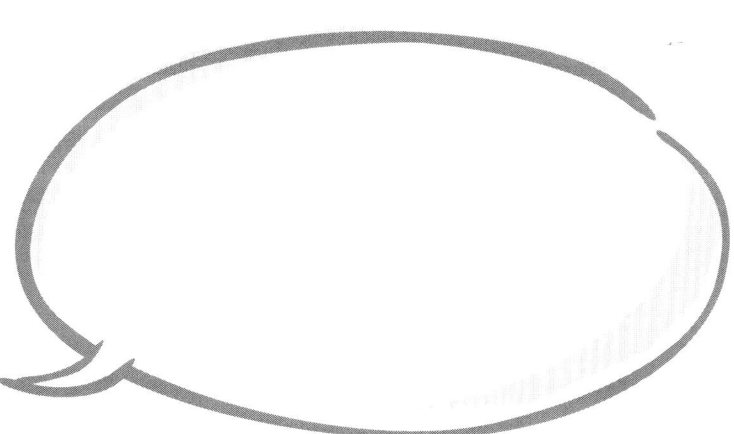

3. * **Profiaufgabe:** Versetze dich in die Lage von Noahs Lehrerin Frau Fiddy. Sie schreibt ihrer Freundin eine Whats-App-Nachricht. Was könnte sie ihr von der außergewöhnlichen Situation erzählen?

Hallo, meine Liebe,
Wie geht es Dir? Ich muss Dir was erzählen. ...

...

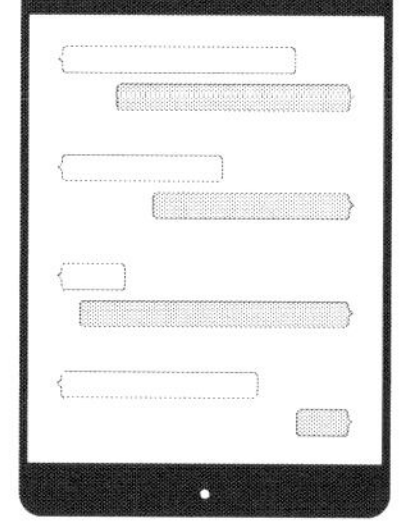

Frau Fiddy kippt um

Die Verdoppelungen sorgen für Aufruhr. Die Reporterin Conny Funk sucht die Noahs auf. Inzwischen sind sie zu acht.

1. Zeichne einen Comic zum 6. Kapitel. Überlege dir zuvor, welches die wichtigsten Ereignisse des Kapitels waren, und male dazu passende Bilder.

2. Beantworte die Fragen in einem ganzen Satz.

Was frühstücken die Noahs?

____

____

Wie würdest du Conni Funk beschreiben? Notiere die Seite und die Zeile dazu.

__________________________________ (S. Z.)

__________________________________ (S. Z.)

Was ist mit Frau Fiddy passiert und warum?

____

____

Wie viele Noahs wird es am nächsten Tag geben? ____________________

3. * **Profiaufgabe:** Conni Funk hat die ersten vier Noahs befragt und möchte dazu einen News-Beitrag verfassen. Hilf ihr dabei und schreibe selbst einen Beitrag. Stelle ihn anschließend den anderen vor. Nutze dazu dein Heft.

Was ein Wochenende ausmacht

Auch am Wochenende hören die Verdoppelungen nicht auf. Am Montag beschließt die überforderte Frau Fiddy, dass der Klassenraum nicht mehr ausreicht.

1. Gestalte ein passendes Bild zum Kapitel. Nutze dazu dein Heft.

2. Folge der Lesespurgeschichte und löse das Rätsel.

Zahl	Text	Buchstabe
1	Ein Noah saugt eine Spaghetti auf. Dabei liegt er auf dem Boden.	
2	So viele Noahs im Klassenzimmer! Einen weiteren findet ihr noch, dieser ist allerdings nicht lebendig.	
3	Ein Noah stürzt vom Sofa.	
4	Überall Dinos und Spaghetti. Auch an der Decke sind zwei Dinos zu sehen.	
5	Eine Lampe auf dem Kopf? Was passiert denn hier?	
6	Was für ein Durcheinander! Zwei Noahs führen einen Dinokampf.	
7	Ganz schön gefährlich! Auf dem Stuhl noch eine Kiste. Ob das gut geht?	
8	Hier wird noch eine Portion Spaghetti verputzt. Davon können sogar mehrere Noahs essen.	
9	Auch Noahs Eltern werden es langsam etwas zu viele Noahs. Kannst du sie finden?	

Lösungswort: ___ ___ ___ ___ ___ ___ ___ ___ ___
1 2 3 4 5 6 7 8 9

3. * **Profiaufgabe:** Erfinde zum Kapitel ein Quiz mit inhaltlichen Fragen, die deine Mitschülerinnen und Mitschüler beantworten müssen.

Man kann nicht immer alles haben

Als alle anderen Noahs mit Spaghetti versorgt sind und der erste Noah keine mehr bekommt, kommen bei ihm Zweifel auf.

1. Frau Fiddy möchte mit der Klasse über Palindrome reden. Dies ist nicht nach Noahs Geschmack. Hilf ihm trotzdem. Was ist ein Palindrom? Finde Beispiele.

____

____

2. Noah bemerkt die ersten Probleme der Verdoppelungen. Welche Dinge fallen ihm auf?

____

____

3. Noah bekommt an diesem Montag keine Spaghetti mit Tomatensoße, da die anderen Noahs bereits alle Portionen aufgegessen haben. Mache ihnen den Hackbraten mit einem Werbespot oder einem Werbeplakat schmackhaft, sodass Noah zukünftig wieder sein Lieblingsessen bekommt.

Mein Werbespruch:

Das passiert im Werbespot:

Hintergrundmusik/-geräusche:

4. * **Profiaufgabe:** Schreibe das Abc von oben nach unten in dein Heft. Notiere dann hinter jedem Buchstaben ein Wort, das zu der Erzählung passt. Du kannst auch die Wörter aus dem Buch nutzen.

Beispiel:

A Abenteuer
B brauchen
...

Genug ist (nicht) genug

Noahs Zweifel verstärken sich und er möchte keine Verdoppelungen mehr. Die anderen Noahs sind nicht seiner Meinung und wenden sich gegen ihn.

1. Finde die richtige Reihenfolge und nummeriere von 1 bis 5.

	Durch Conni Funk wird Noah bewusst, welche Ausmaße seine Verdoppelungen annehmen.
	Die Noahs wenden sich gegen Noah und beschließen, dass er nicht mehr beschließen darf.
1	Noah möchte keine Verdoppelungen mehr, nachdem er Hackbraten essen musste.
	Aus 64 Noahs wurden nun trotzdem 128.
	Auf dem Weg zur Schule trifft Noah Conni Funk.

2. Suche dir einen Partner oder eine Partnerin. Sucht euch einen Dialog zwischen Conni Funk und Noah und spielt ihn nach. Führt dann das Gespräch einem anderen Team vor und lasst euch eine Rückmeldung geben. Nutzt dazu die Tabelle.

	☺	😐	☹
Betonung			
Mimik und Gestik			
Sprechtempo			
Deutliche Sprache			

3.* **Profiaufgabe:** »Wir haben jedenfalls beschlossen, dass du nicht beschließen darfst.« Die Noahs sind in der Überzahl und möchten nicht mit den Verdoppelungen aufhören. Hilf Noah und entwirf einen Plan. Was könnte er machen, um die Noahs zu überlisten?

Vielleicht bekommt man, was man braucht

Noah bemerkt, dass es gar nicht so toll ist, immer das zu bekommen, was man sich wünscht. Er lässt sich nun auf seine Mitschülerinnen und Mitschüler und ihre Interessen ein und hat viel Spaß dabei.

1. Beschreibe, was auf dem Bild passiert. Welche Veränderung findet in Noahs Denken statt?

2. Frau Futter erinnert Noah: »Du bekommst nicht immer, was du willst. Wenn du es versuchst, bekommst du vielleicht, was du brauchst.« Was möchte sie Noah damit sagen?

3. Erstelle ein Mini-Buch zu »Noah Unendlich«, in dem du zu den Kapiteln passende Bilder malst. Falte dazu ein Leporello aus einem DIN-A4-Papier.

4. * **Profiaufgabe:** Stell dir vor, dass die Geschichte anders ausgegangen wäre. Erzähle sie verändert weiter: Was könnte passiert sein? Schreibe und/oder male in dein Heft.

Würfelspiel »Noah Unendlich«

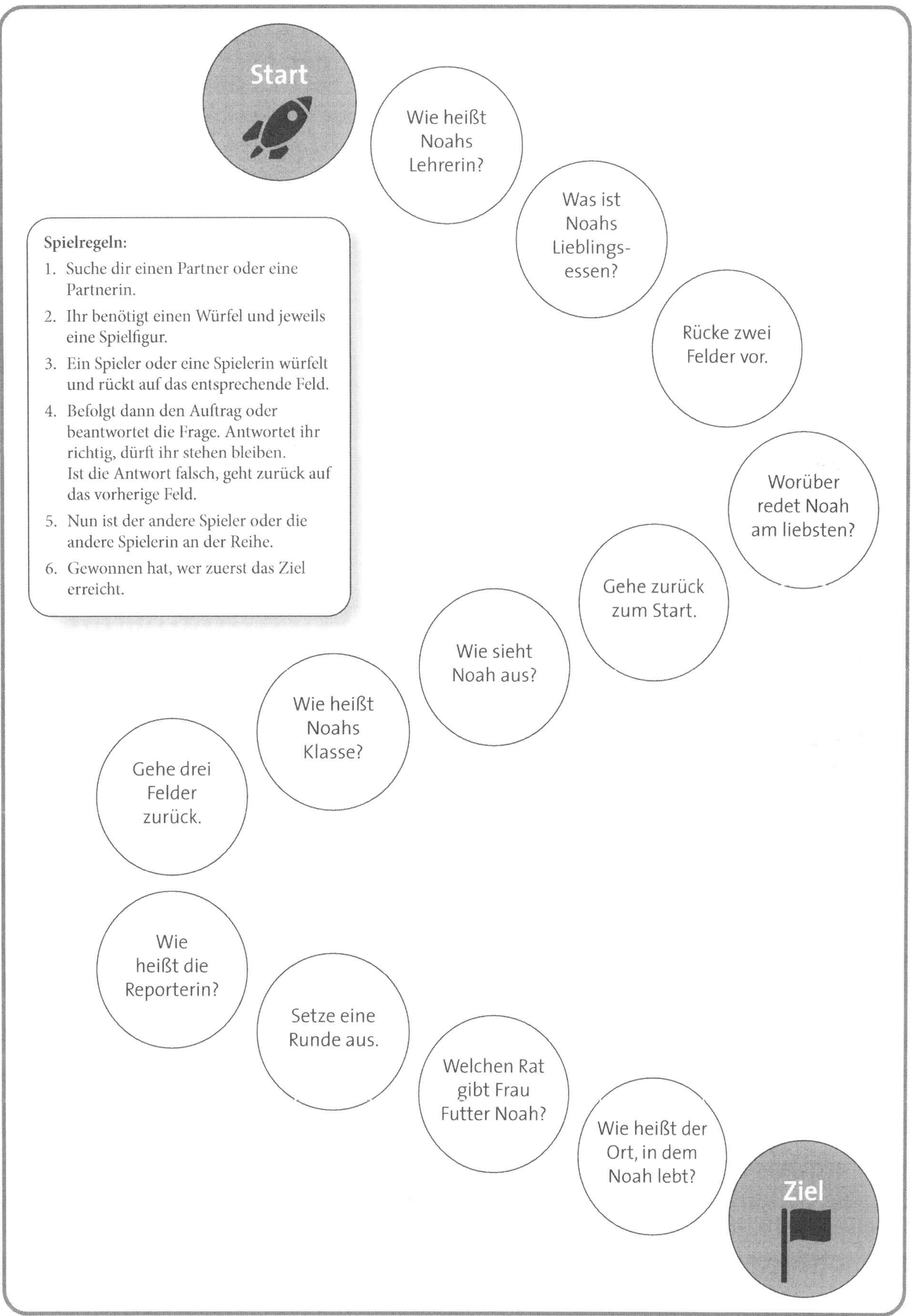

Spielregeln:

1. Suche dir einen Partner oder eine Partnerin.
2. Ihr benötigt einen Würfel und jeweils eine Spielfigur.
3. Ein Spieler oder eine Spielerin würfelt und rückt auf das entsprechende Feld.
4. Befolgt dann den Auftrag oder beantwortet die Frage. Antwortet ihr richtig, dürft ihr stehen bleiben. Ist die Antwort falsch, geht zurück auf das vorherige Feld.
5. Nun ist der andere Spieler oder die andere Spielerin an der Reihe.
6. Gewonnen hat, wer zuerst das Ziel erreicht.

Feedback-Bogen

Du kennst das Buch »Noah Unendlich« nun sehr genau. Jetzt sollst du deine Meinung zum Roman äußern.

1. Welche Figur aus dem Roman fandest du sympathisch? Welche nicht so? Trage Zahlen ein. Die 1 bekommt die Figur, die du am sympathischsten fandest, und die 5 diejenige, die dir am wenigsten gefallen hat.

☐ Noah ☐ Frau Futter ☐ Frau Fiddy

☐ alle anderen Noahs ☐ Reporterin

2. Welche Szene fandest du besonders spannend?

Als ______________________________

3. Wenn das Buch verfilmt werden würde, welche Rolle würdest du gerne spielen?

______________, weil ______________________________

4. Deine Meinung zu verschiedenen Aussagen ist gefragt. Kreuze an.

	stimmt total	stimmt	geht so	stimmt nicht
a) Die Story des Romans fand ich witzig.	○	○	○	○
b) Ich kann verstehen, dass sich Noah Klone wünscht.	○	○	○	○
c) Ich habe gehofft, dass die Geschichte ein anderes Ende nimmt.	○	○	○	○
d) Mit Noah würde ich gern mal etwas unternehmen.	○	○	○	○
e) Mir gefällt, dass die Geschichte gut ausgeht.	○	○	○	○
f) Ich fand die Geschichte zu kurz.	○	○	○	○

5. Wie fandest du das Buch insgesamt?

☐ sehr gut ☐ gut ☐ geht so ☐ nicht so gut ☐ schlecht

Begründe deine Antwort: ______________________________

____